L'incompatibilité

Certaines âmes sont **destinées** à se rencontrer pour se **transmettre** mutuellement des choses. D'autres, pour construire sereinement. Certaines âmes continuent même l'écriture d'une union éternelle. L'incompatibilité n'est pas une erreur mais **le chemin** parallèle d'une histoire mal écrite.

L'erreur

Une erreur n'en est pas vraiment une si elle offre
la richesse, même douloureuse, d'un enseignement.
Elle te permettra de découvrir ton véritable toi
et te montrera aussi ce qui n'est pas ou plus pour toi.
Elle inscrira ce qui ne doit pas être réécrit en allant
vers des âmes incompatibles avec la tienne.

Des chemins différents

Les chemins se font et se défont en fonction des désirs et des besoins fondamentaux d'une union. Si toutefois deux âmes divergent vers des aspirations différentes, tu devras comprendre que ton futur t'attend ailleurs, sereinement. Le champ infini des possibles s'ouvrira alors à toi pour te permettre d'écrire une des plus belles pages du livre de ta vie.

Nettoyer ton âme

Ce qui est n'existe plus et appartient désormais au passé. Il te faudra apprendre à te défaire des rancœurs et des doutes issus de ton vécu afin de ne pas opter pour une vengeance ou une appréhension soufflées par ton inconscient. Un passé mourant libère un présent naissant.

Prends soin de ton corps

L'oubli de toi, de ton corps, participera à entretenir un mauvais état psychologique. Ton corps est un temple sacré dont les fondations reposent sur des pensées équilibrées et épanouissantes. Le temps du repos est venu : emplis-toi d'aliments bons pour ton corps et de nourritures spirituelles telles que la joie, le rire, les bons sentiments.

Ne t'oublie pas

Fais le grand ménage, ouvre les fenêtres de ta mémoire pour laisser les images désagréables d'un vécu douloureux s'échapper. Aujourd'hui comme demain, pense à toi afin de construire sereinement ton histoire véritable. Ne t'oublie pas, n'éteins pas tes désirs, ni tes rêves.

Ouvrir les yeux

Il est parfois difficile de voir la vérité en face.
De porter du crédit aux personnes qui tentent
de nous ouvrir les yeux. Mais la vérité, si blessante
soit-elle, doit être vue telle qu'elle est afin
de te libérer des illusions qui t'entravent.

C'est celui qui dit qui l'est

Dans une dispute, l'autre nous renvoie ce qu'il est réellement. Ainsi, les reproches sont souvent infondés ou déformés, car ils servent une cause, bien souvent celle de la lâcheté. N'accorde que peu d'importance à ce qui est dit, vois plutôt ce qui est fait.

Les paroles et les actes

Les paroles sont belles, mais les actes parlent d'eux-mêmes.
Si les actes ne suivent pas la parole, alors sache que
le mensonge est en chemin. Rassure-toi, tu as fait
le bon choix en exigeant la vérité, car tu l'as méritée.

Le trop-plein

L'acceptation te demande de ne pas sacrifier tes besoins. La valeur de tes impératifs est importante, il faut concevoir sans se renier. Lorsque tu auras l'impression d'être oublié, dépossédé, n'oublie pas que l'accumulation des déceptions, des reproches, participera au dépérissement des sentiments.

La rupture

Le constat est là, les désillusions ont pris le pas
sur la magie de l'instant et la magnificence de l'amour.
Rompre une relation n'est jamais facile, mais peut néanmoins être
d'une **libération absolue**. C'est se donner la **chance** de s'épanouir
pleinement et individuellement. La **reconstruction**
du soi est alors d'une importance capitale.

Dévoiler tes sentiments

Dévoiler tes sentiments est une épreuve qui te demandera de faire preuve de **courage**. Mais sache qu'en invitant la clarté et la sincérité, tu ressentiras un profond soulagement. Un verbe prononcé invitera le désir de réciprocité ou la **libération**. Prends un autre chemin afin de trouver une âme gémellaire.

Ouvrir ton cœur

Avouer tes sentiments à l'autre te demandera d'être **sincère** envers toi-même. Cela pourra peut-être t'exposer aussi au rejet. Mais, dans la balance, entre rejet et clarté, tu sentiras une **libération** et trouveras deux chemins à prendre. **Aimer** de nouveau et avoir confiance après une séparation douloureuse représentent une quête importante dans l'unification des êtres.

Ne pas avoir peur

La peur est là, mais le véritable ennemi est l'inaction.
L'esprit a peur, mais l'âme ne connaît pas ce sentiment.
Bien souvent, c'est ton âme qui viendra libérer
ton mental afin d'avancer malgré les réticences.
Que ton cœur garde en lui l'harmonie de l'amour
afin d'avancer sereinement.

Réparer ton cœur

Libère de nouveau la puissance de tes sentiments, sans peur, en reconnaissant leurs naissances, leurs droits d'existence, en acceptant les passions, mais aussi l'amour animant tes pensées, tes besoins. Réparer ton cœur et passer au-delà des trahisons prendra du temps, cela ne peut être nié. Mais petit à petit, il s'animera de nouveau.

Y croire encore

Il te faudra y croire encore, sans réticence mais avec prudence. Car avoir la croyance que le bonheur est en chemin ouvrira et préparera ton esprit aux vents du changement. La solitude est une amie jalouse qui éteindra toutes envies de changement. Croire et créer seront les clés qui te permettront de te reconstruire émotionnellement.

Le temps du dialogue

Le dialogue permettra toujours d'établir des connexions avec l'autre. À condition que les mêmes intentions soient désirées. Avec le souhait profond de dissiper les malentendus, mais aussi de clarifier les besoins essentiels favorisant une belle relation. Les bons mots percent les défenses et détruisent les murailles de l'incompréhension.

Le temps du silence

Le silence te permettra de te placer dans une position d'observation, mais aussi et surtout dans l'écoute et la réalisation de tes besoins. Il existe un temps pour le dialogue et un autre pour le silence et l'introspection. Le silence te permettra de prendre du temps pour toi afin de te ressourcer et de comprendre si le dialogue porte en lui suffisamment de pouvoir pour transformer les choses.

Les mémoires traumatiques

Certaines fois, les traumatismes se réveilleront. Il t'appartiendra alors d'en comprendre le fondement et ce qui les lie à ta nouvelle relation. Condamner l'autre avant une hypothétique trahison n'est pas un acte de prudence, mais une peur viscérale de revivre un passé douloureux.

Les attentes personnelles

Écoute-toi, communique tes aspirations sans retenue, en toute transparence, car te reconnaître, c'est aussi reconnaître l'autre. Les attentes sont comme des phares pointant à l'horizon. Elles donnent un cap afin d'avancer dans une direction commune. Cela se compose dans un désir commun de construction et de continuité.

Les attentes du couple

Les attentes communes dans un couple t'inviteront à participer à la création d'un équilibre. En prenant grand soin de ne jamais t'oublier. Dans cette quête d'une alchimie où le « JE » deviendra « NOUS », tout se composera pour un bien commun.

Le rendez-vous

La rencontre est la première marche dans la construction d'être deux. La peur peut souvent devenir un frein important : peur d'être rejeté, d'un changement important, des repères à trouver… Il sera alors impératif de conserver tout ton naturel, ta sincérité, ton éclat inné, mais surtout de trouver une confiance en toi inébranlable.

Le rejet

Être rejeté, blessé dans ton amour-propre ne devrait pas te peiner, ni te faire oublier l'être exceptionnel que tu es. **Crois en toi**, même si cette situation n'est pas agréable. Sache que les **âmes** qui s'accordent seront amenées à se rencontrer un jour ou l'autre. Celle qui te correspondra est en **chemin**.

La peur viscérale

Monstre cupide, invalidant, crachant des brumes de **doutes** et d'incertitudes, la peur interviendra lorsque tu accepteras de ne plus être dans le contrôle. Travailler sur ses **peurs**, c'est accepter de fermer les yeux et d'avoir une entière **confiance** en la magie de la vie, ainsi qu'en toi-même.

L'épreuve du courage

La vie nous apprend le courage. Elle initie en nous l'épreuve suprême, celle de se relever sans cesse. Et du cri de l'abîme jusqu'à l'espoir venu des cieux, tu construis ton armure de lumière. Tu es une âme courageuse qui s'élèvera toujours. Car ta destinée suprême est de connaître l'Éden sur Terre.

La libération

La parole sera libératoire lorsque tu dévoileras
enfin tes sentiments à la personne concernée.
Cela te permettra d'avancer sur un plan personnel,
mais aussi de faire la lumière sur les attentes de l'autre.
Il n'y a pas de guerre en amour, par conséquent
il n'y aura ni vaincu ni vainqueur.

S'aimer soi-même

Il n'est pas bon de rechercher en l'autre ce que tu pourrais toi-même t'apporter, tels que certains fondements comme la confiance en toi ou la quête de guérison. Cela te permettra d'éviter de prendre un chemin dirigé par un manque général ou une frustration. S'aimer soi-même n'est pas un acte égoïste, c'est une prise de conscience qui consolidera ta force intérieure.

La confiance en soi

Garde toujours confiance en toi, en ta capacité à évoluer, à t'améliorer. Ton âme connaît toutes les réponses, elle est capable de te surprendre. Ta force sera toujours présente en toi, même si ta fragilité te fera parfois prendre conscience de ce que tu es capable de faire.

Le changement de direction

Accepte de lâcher le connu pour l'inconnu, les repères pour l'aventure d'une vie. L'idée de s'investir de nouveau pourrait entraîner une certaine réticence. Sache cependant que si le chemin entrepris n'est pas le bon, si tu estimes que cela n'est pas ton histoire, il t'appartiendra de créer la vie dont tu rêves.

Avoir conscience de ta valeur

Tu es une personne irremplaçable, une âme précieuse en ce monde. Ne laisse rien ni personne te dénigrer ou te dévaloriser. Avoir conscience de ta valeur alimentera ta confiance en toi, en tes actes, mais aussi en tes choix.

L'osmose

Le moment est venu d'être sereine et confiante afin d'entreprendre ta plus belle célébration. Tu porteras le désir profond de concrétiser sereinement tes aspirations. Être en quête du bien-être intérieur est un acte de création quotidien. L'équilibre se construit dans la pensée et les actes.

La rébellion intérieure

Sors du mutisme, du silence, afin de t'ouvrir à l'inconnu en révolutionnant ta vie. La rébellion intérieure est le signe d'un besoin de changement radical dans ton chemin de vie. Éloigne un temps les barrières imposées par ton mental afin d'être dans l'émotionnel et la raison du cœur.

Les séismes émotionnels

Traversés par des sentiments puissants et envahissants, les séismes émotionnels s'imposent lorsque les émotions émanent d'une âme amoureuse ou en quête d'amour véritable. Accueille toutes les émotions que tu ressentiras, car elles ont une raison d'être.

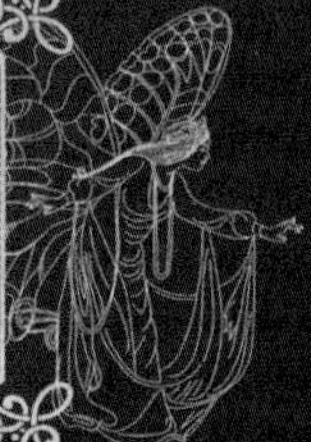

L'amour

Autorise-toi à être **aimée** de nouveau et à aimer encore. Malgré tes blessures, tu seras victime une deuxième fois si tu ne t'autorises pas à être heureux. La peur n'empêche pas d'avancer, c'est l'absence de **décision** qui est à craindre. Tu peux avoir **peur** même en avançant prudemment.

L’écoute de ton cœur

Écoute ton **cœur**, car il te permettra de **vivre** pleinement selon ton équilibre émotionnel. Imagine tes émotions telles des racines profondément ancrées à ton âme. L’amour n’est pas guidé par la raison ou la rationalité. Il se vit **intensément** en toute authenticité.

L'écoute de tes besoins

Ne te contente pas d'exister, mais incarne pleinement
ta vie en affirmant tes besoins, tes choix, en vivant
au cœur de tes passions. N'avoir aucun regret à ressentir
est une quête primordiale d'une âme incarnée.
Réaliser tes besoins fondamentaux participera
à ton épanouissement personnel.

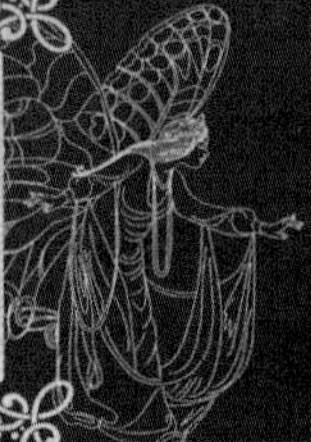

Ressens tes émotions

Il est important d'écouter tes émotions en chaque instant de ta vie. Primordial de t'exprimer afin d'éviter les frustrations ou encore l'envahissement des incompréhensions. Ressentir et exprimer tes émotions sont les clés qui te permettront d'être honnête envers toi-même.

L'indifférence

Demeure indifférent au jugement des autres, face aux donneurs de leçons ou aux juges de la bonne pensée. Toi seul peux décider de ce qui est bon pour toi. L'avis des autres est conforme à leur vie, non à la tienne. Tes décisions t'appartiennent tout comme ton temps de vie sur Terre.

Analyse les intentions

L'amour est un dialogue subtil fait de silences et de vérités. Mais que peut-il se cacher derrière une intention ? La peur ? l'égoïsme ? la sincérité ?... Tu entreprendras ce chemin de clarté dans cet indicible dialogue afin de comprendre les actes et les pensées.

Aucun regret

Même si cela te paraît difficile, ne porte en toi aucun regret. Extrais le positif de cette expérience douloureuse, car il y a toujours quelque chose à retenir. Apprends de toi-même et nourris ton expérience. Le bonheur est une construction permanente.

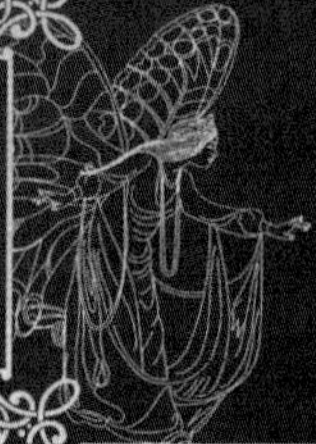

Enterrer ou ressusciter

Continuer ou arrêter ? Oublier ou nourrir de nouveaux espoirs ? Le moment est venu d'agir afin de contribuer à la construction de ton futur. Prendre une décision n'est jamais facile, mais porter des regrets est d'autant plus difficile. Affronter c'est participer à la libération des chaînes de l'inaction.

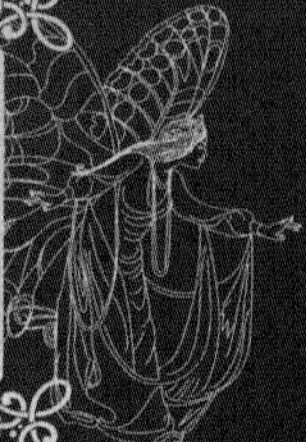

Tu as changé

Tu as compris par ton vécu quelles étaient les erreurs à ne pas refaire, les impasses à éviter. La transformation a été douloureuse mais, tel le phénix, c'est par la passion que ta renaissance fut accomplie, par le courage que le feu fut alimenté. Tu as changé, oui, et tu as compris certaines priorités.

Vivre le moment présent

Ici et maintenant, en faisant fi des entraves du passé, de la peur du futur. Ressens-tu les moments magiques qui s'imprègnent dans tes jours ? Sens-tu la magie à l'œuvre aiguillant ton destin ? C'est par tes pensées que se construisent tes actes.

Le cœur ou la raison

Être guidé par ton cœur ou ta raison ? Dans un équilibre parfait où le cœur éveille les projections et la raison renforce les rêves, tu apprendras qu'il est inutile de trahir tes états d'âme, tes ardents désirs. Le cœur est libre et n'entravera aucune décision. La raison te conduira cependant à mille réflexions.

Textes et illustrations : © Gabriel Sanchez.
Création maquette et mise en pages : Marie Brosseau – PCA-CMB.

ISBN : 978-2-84933-862-9

www.editions-tredaniel.com – info@guytredaniel.fr
www.facebook.com/tredanieleso – @tredaniel_eso